Inhalt

Heimliche Schleichjäger	6
Wie ein Fingerabdruck	8
Bewundert und verfolgt	10
Starker Kletterkünstler	12
Was Leoparden jagen	14
Der Beute auf den Fersen	16
Jagd mit allen Sinnen	18
In sicherer Höhe	20
Kurze Zweisamkeit	22
Leopardenbabys	24
Kinderzeit	26
Lernen fürs Leben	28
Jagdunterricht	30
Kein leichtes Leben	32
Hyänen	35
Immer auf der Hut	36
Eine Laune der Natur – Der schwarze Panther	39
König der Berge – Der Schneeleopard	40
Südamerikanischer Doppelgänger	42
Bitte mehr Achtsamkeit!	45

© 2021 Verlag Heiderose Fischer-Nagel,
Brunnenstraße 7, D-34286 Spangenberg
Tel.: 05663-280, Fax: 05663-6562
E-Mail: fischer-nagel@t-online.de, URL: www.fischer-nagel.de
Alle Rechte, auch die der Bearbeitung oder auszugsweisen Vervielfältigung
gleich durch welche Medien, vorbehalten.
Fotos über Gabriele Mierke-Radke:
Die meisten Fotos Dr. Reinhard Radke und Gabriele Mierke-Radke
außer:
über shutterstock:Seite 2/3, 8/9,10/11: W. Scott McGill; 10 l.: Victoria Field; 10 r.: John Copland;
11l.: sirtravelalot; 16 u.r., 25o.: Stu Porter; 17 u.: Johan W. Elzenga; 18 l.: Robart Mwaiteleke; 19 u.r.: Dr Ajay Kumar Singh;
20 u.l.: wasantha8958; 21 u.: MehmetO; 22+23 o.+u.: Alta Oosthuizen; 25 u.l.: Settesei_photo; 25 u.r.: Trevor Ryan McCall-Peat;
28 u.: MintImages; 29 u.r.: Rudi Hulshof; 38: AB Photographie; 39o.r.: kyslynskahal; 39 u.: Anton_Ivanov;
40: Jack Bell Photography; 41: Jim Cumming; 42: Kris Wiktor; 43: Gurkan Ozturk.

Satz und Layout:Andreas Fischer-Nagel

Druck und Bindung: Grafisches Centrum Cuno GmbH & Co. KG, Calbe:

ISBN 978-3-930038-97-8

Heiderose Fischer-Nagel / Reinhard Radke

Leoparden
Meister der Jagd

Verlag Heiderose Fischer-Nagel

Heimliche Schleichjäger

Die afrikanische Savanne ist ein faszinierendes Ökosystem voller abwechslungsreichen Lebens.
Herden Gras fressender Huftiere ziehen über die Ebene: Gnus, Antilopen, Gazellen, Büffel, Zebras, Giraffen, Elefanten und einzelne Nashörner. Während die ganz Großen in der Herde geschützt sind, haben die Kleineren die fünf großen Raubtierarten zu fürchten. Zu ihnen gehört die viertgrößte Raubkatze, der schöne Leopard.
Der Zeit nach den staubigen Sommern voller Entbehrungen und Hunger folgen grüne, nahrhafte Winter.
Für die Herden ist dieses Gras ein Segen, es ist nahrhaft und wächst schnell nach. Nährstoffe und Mineralsalze sind gerade für den zu erwartenden Nachwuchs so wichtig, der genau in dieser Zeit auf die Welt kommt.

Obwohl die fünf großen Raubtiere nebeneinander vorkommen, gibt es genug Nahrungstiere für alle. Das Land ernährt genug Huftiere und kleine Tiere, sodass auch alle Räuber satt werden. Günstig dabei ist, dass die Raubtiere sehr unterschiedlich jagen.

Leoparden sind einsame, kraftvolle Jäger, Einzelgänger, die ihre kostbare, mühsam erjagte Beute hoch in den Ästen von Bäumen vor Nahrungsdieben in Sicherheit bringen. Sie sind Meister im Anschleichen und bleiben in der vielfältigen Landschaft nahezu unentdeckt, fast wie Gespenster.

Leoparden sind anpassungsfähig. Sie kommen in den verschiedensten Lebensräumen zurecht, streifen über die trockenen Grassteppen, leben im Gebirge, in der felsigen, zerklüfteten Landschaft der offenen Ebene. Schutz bieten ihnen die Galeriewälder, die sich entlang der Flüsse ziehen. Sicher fühlen sie sich im Buschland mit dem dornigen Gestrüpp.

Das Revier eines männlichen Leoparden, dessen Grenzen er mit Kot und Urin markiert, kann bis zu 100 Quadratkilometer groß sein, das sind ungefähr 14 000 Fußballfelder. Es überschneidet sich mit den Revieren mehrerer Weibchen.
Zur Markierung dient neben dem Absetzen von Kot- und Urinmarken auch das Gebrüll. Jeder Eindringling wird bekämpft, nicht selten enden diese Kämpfe tödlich.
Aufgrund ihrer enormen Anpassungsfähigkeit kommen Leoparden in vielen Regionen Afrikas vor, aber auch im mittleren Osten und bis weit nach Südasien.

Wie ein Fingerabdruck

Etwas, das wirklich einzigartig ist, ist die Fellzeichnung des Leoparden.
Die Biologen, die sich mit ihrer Erforschung beschäftigen, können die Tiere genau voneinander unterscheiden, weil ihre Fellzeichnung, besonders im Gesicht absolut einmalig ist – so einmalig wie ein Fingerabdruck.
Die Grundfarbe der Tiere ist sandgelb, die Punkte an den Beinen, am Kopf, Hals und Nacken sind kleiner und nicht ringförmig wie am Rest des Körpers. Diese Ringe, auch Rosetten genannt, sind innen hell. Das ist ein deutlicher Unterschied zum Gepard, der nur dunkle Flecken trägt.
Je nachdem, in welchem Gebiet der Serengeti ein Leopard lebt, ist seine Körpergestalt ein wenig anders. Die im Wald und Gebüsch lebenden Tiere sind kleiner, stämmig, vor allem kräftiger und intensiver gefärbt, während die, deren Gebiet mehr im Grasland liegt, etwas größer, schlanker und heller sind.
Die Körper- und Fellfarben sind ihrer Umgebung perfekt angepasst.
Wusstest du, dass die Leoparden gerne schwimmen? Sie sind nicht so wasserscheu wie unsere Hauskatzen. Auch dass sie auf Bäumen schlafen, dösen oder ihre Beute lagern, unterscheidet sie von den anderen Großkatzen.

Bewundert und verfolgt

Schon in der Frühzeit der Menschwerdung trafen Menschen und Leoparden aufeinander. Es heißt, dass unsere frühen »Vorfahren« sich unter anderem auch von Aas ernährten. Sie aßen tote, verendete Tiere und waren dazu in der Lage, dem Einzeljäger Leopard seine Beute abzunehmen.
Dies belegen auch steinzeitliche Höhlenmalereien wie diese.

Später landeten gefangene Leoparden mit anderen Großkatzen in Rom, wo sie in blutigen Kämpfen in der Arena den Tod fanden. Wegen ihres schönen Fells verfolgt und zu Tausenden getötet, verringerte sich der Bestand der Leoparden weltweit.

Die Schönheit, Kraft und Eleganz des Leoparden machten sein Fell bei großen Herrschern sehr beliebt. Umhänge aus Leopardenfell kennzeichneten ihre Macht.

Überall, wo Leoparden lebten, schmückten sich Fürsten, Könige, Stammeshäuptlinge und Reiche mit ihren Fellen. Bei uns und in anderen Teilen der Erde war die Mode für die rücksichtslose Jagd auf Leoparden verantwortlich. Damen trugen Mäntel, Jacken und andere Dinge aus Leopardenfell.

Heute ist der Handel mit Ihren Fellen bei uns und in vielen anderen Ländern verboten. Das Leopardenfellmuster ist aber noch heute in der Mode sehr beliebt. Es handelt sich dabei aber um Drucke oder Webpelze. In manchen Gebieten seines ursprünglichen Verbreitungsgebietes konnte sich das schöne Tier wieder etwas ausbreiten. In einigen Ländern Afrikas ist der Leopard ein wichtiges Fotomotiv für Safaritouristen, die ihn gerne vor die Kamera bekommen möchten.

Trotz des Handels- und Einfuhrverbots versuchen Schmuggler und reiche Trophäenjäger immer wieder, Leopardenfelle und andere geschützte Tiere in ihre Länder einzuführen. Meist scheitern sie jedoch an aufmerksamen Zollbeamten und den tollen Supernasen der Spürhunde.

Damit bringt der Leopard dem Land und seiner Bevölkerung viel Geld ein, und die Einheimischen, die um ihre Weidetiere bangen, erkennen, dass er wichtig und nützlich ist.

Starker Kletterkünstler

Flink erklimmt der Leopard einen Baum. Fünfzehn Meter Höhe schafft er locker.
Unter den großen Jägern Afrikas ist allein er in der Lage, Bäume zu besteigen.
Kein Wunder, denn er hat muskelbepackte Beine und scharfe Krallen, die sich mühelos in der Rinde des Baumes verankern.

Ein Leopard schläft gern und bequem auf dem Baum. Vor Räubern gut geschützt lagert er seine Beute in luftiger Höhe. Außerdem dient ihm der Baum als Ausguck und zum Schärfen der Krallen.
Oben, in der Höhe, tarnt ihn sein geflecktes Fell perfekt im Schattenspiel der Blätter.
Von hier aus kann er seinen Blick unbemerkt über die Savanne schweifen lassen.
Er beobachtet die vorüberziehenden Herden, bemerkt, wenn Jungtiere geboren werden oder Tiere schwach zurückbleiben.
Der Meister der Jagd hat stets die geeignete Beute im Blick.

Langbeinig dagegen ist der elegante Gepard unterwegs, ein Sprinter, der mit bis zu 100 km/h seiner Beute hinterherjagt. Aber gerade wegen seiner langen, schlanken Beine kann er gar nicht gut klettern.

Viele Menschen verwechseln die beiden gefleckten Katzen. Der Gepard hat Fell mit kleineren, durchgehend schwarzen Flecken, nicht mit den für den Leoparden typischen Rosettenflecken, die innen hell sind. Ein gutes Erkennungsmerkmal sind zudem sein kleinerer Kopf mit den schwarzen Augenstrichen.

Was Leoparden jagen

Der Leopard jagt, weil er Hunger hat oder seine Jungen versorgen muss. Die Auswahl an Beutetieren scheint groß zu sein, doch die Herdentiere wissen sich zu wehren. Ihre Hufe und Hörner sind stets eine ernst zu nehmende Gefahr für den gefleckten Jäger, der unter den Beutetieren jene wählt, die meist 30 bis 50 kg wiegen.

Er nutzt die Deckung, will seine Beute überraschen, versucht aber stets ohne großes Risiko zu jagen, um unverletzt zu bleiben. Dafür verzichtet er sogar manchmal ganz, bricht die Jagd ab und begnügt sich mit Insekten und kleinen Tieren, wie Reptilien, Mäusen, Hasen, Mangusten und Vögeln. Sollte er gar nichts erjagen, hofft er auf Aas, Reste, die andere Beutegreifer wie Löwen, Geparde, Hyänen übrig gelassen haben.

Der Leopard ist ein Kraftpaket: Das Männchen erreicht eine Körperlänge von 90 bis 190 cm, zu der du noch einen 60 bis 110 cm langen Schwanz hinzurechnen musst, eine Schulterhöhe von 70 cm und ein Gewicht bis zu 65 kg. Die Weibchen sind etwas kleiner. Als vorsichtiger Jäger kann er fünfzehn bis zwanzig Jahre alt werden.

Unentdeckt aus einer Baumkrone, im Gebüsch oder hohen Gras liegend, beobachtet der Leopard seine Beutetiere und ihr Verhalten. Sieht er eine größere Gruppe der Thomson Gazellen vorüberziehen, ist er zwar höchst gespannt, erkennt aber schnell, ob sich ein Angriff lohnt oder nicht.
Lieber nimmt er dann mit leichterer Beute, wie dem Hasen (unten ganz links) oder dem viel kleineren Steinböckchen (unten links) vorlieb.

Gelingt es dem geschickten Jäger eine super schnelle Impala Antilope (links) zu erbeuten, hat er für Tage ausgesorgt, sofern sie ihm nicht von Löwen oder Hyänen streitig gemacht wird.

Impala-, auch Schwarzfersenantilopen genannt, erreichen Geschwindigkeiten von bis zu 90 km/h und sind damit in der Lage, selbst dem schnellen Gepard davonzulaufen .
Leoparden können sie nur durch langes, vorsichtiges Anpirschen überrumpeln.

Der Beute auf den Fersen

Das hohe, leicht im Wind wehende Steppengras verbirgt den auf der Lauer liegenden Leoparden. Geduckt, wenige Zentimeter über dem Erdboden, pirscht sich die mächtige Katze geschmeidig an. Vorsichtig setzt sie einen Fuß nach dem anderen auf den Boden, damit bloß kein Ästchen unter den Sohlen knackt und sie verrät.
Die Herdentiere sind aufmerksam.
Der Leopard ist ein Lauerjäger, der dämmerungs- und nachtaktiv ist. Aber nur eine leicht zu schlagende Beute, ein Jungtier einer großen Herde, ein abgesondertes schwächliches Tier oder ein altes, zurückbleibendes Herdenmitglied zählen zu seinen Opfern.

Ungern lässt sich der gefleckte Jäger auf einen Kampf ein. Wird er verletzt, ist sein Schicksal besiegelt. Er könnte möglicherweise nicht mehr jagen und müsste verhungern. Deshalb bleibt er so lange wie möglich in Deckung, nutzt den Überraschungsangriff, um dann möglichst schnell mit seiner Beute im Dickicht zu verschwinden. War sein Angriff erfolglos, bricht er ab.
Beim kurzen, kraftvollen Sprint auf die Beute erreicht er eine Geschwindigkeit von 60 km/h. Am liebsten jagt die große Katze, wenn es nicht ganz so heiß ist. Die Mittagsstunden verschläft sie lieber im Versteck.

Ein halbwüchsiges Gnu kann ein Leopard grad noch erlegen und zur Sicherung auf einen Baum schleppen. Ausgewachsene Gnus sind meist zu wehrhaft und mit bis zu 180 kg Körpergewicht viel zu schwer.
Der Puku-Bock mit etwa 70 kg gehört auch schon zu den größeren Beutetieren.

Jagd mit allen Sinnen

Der schnelle Kurzstreckensprinter ist außerdem recht sprunggewaltig. Ein Leopard kann bis zu drei Meter hoch und sechs Meter weit springen. Er schleicht sich so nah wie möglich heran, sprintet los und packt mit seinen kräftigen Beinen und Krallen zu. Er beißt mit dem mächtigen Gebiss in die Kehle oder den Nacken des Opfers. Geschickt weicht er den strampelnden Beinen des sich im Todeskampf wehrenden Tieres aus. Nicht immer erwischt er die Beute gut. Auf dem Bild unten reißt er gerade noch eine flüchtende Impala Antilope zu Boden. Wusstest du, dass Leoparden fünfmal besser hören als wir? Sie hören Tonhöhen, die wir nicht mehr wahrnehmen. Überhaupt haben Leoparden sehr feine, empfindliche Sinne. Am Tag entspricht ihr Sehvermögen ungefähr dem unseren.

Ihr räumliches Sehen ist jedoch besser. Nachts öffnen sich ihre Pupillen wie bei allen Katzen und sie sehen deshalb fünf- bis sechsmal besser als wir. Mit der feinen Nase nehmen sie rasch die Witterung auf. Zur Orientierung im Raum in vollständiger Dunkelheit nutzen sie ihre typischen Katzen-Schnurrhaare.

Leopardin kommt mit erbeutetem Warzenschweinferkel aus der Höhle.

In sicherer Höhe

Beutetiere bis zu 30 Kilogramm schleppt der Leopard mühelos auf den Baum. Mit einem Riesensatz springt er schwungvoll an den Baum und dann mit weiteren Sätzen nach oben.
Nach unten klettert er auf den Ästen soweit abwärts wie möglich und landet dann mit einem großen Satz auf dem Boden.
Ist der Baum sehr steil, klettert er rückwärts hinab, umfasst dabei mit den kräftigen Vorderbeinen den

Stamm, bis ein Absprung problemlos gelingt.
Diese Fähigkeit bringt ihm einen Riesenvorteil gegenüber seinen Nahrungskonkurrenten, die nur allzu gern etwas von seinem Riesenhappen abhaben würden.
Das hungrige Rudel Löwen wartet nur darauf, dem Leoparden die Beute abzujagen. Auch Hyänen mit ihren kräftigen Gebissen sind nicht scheu und zimperlich, wenn es darum geht, einen Happen Fleisch zu ergattern. Wie gut, dass er seine kostbare Beute nach vollbrachter Jagd sofort weg-

schleppt. In einer Astgabel ist sie bestens geschützt.
Meist entfernt der Leopard vor dem Abtransport der Beute die weniger leckeren Innereien, dann ist sie leichter. Kleine Tiere frisst er innerhalb von drei bis vier Tagen auf, große reichen ihm zehn Tage.

Durch regelmäßige Frischfleischmahlzeiten bekommt der Leopard sogar genügend Flüssigkeit. Er kann bis zu zehn Tage ohne Wasser auskommen.

Kurze Zweisamkeit

Leoparden sind Einzelgänger und begegnen sich nur zur Paarungszeit. Siehst du mehrere Tiere gemeinsam, handelt es sich allenfalls um eine Mutter mit ihrem Nachwuchs. Wie groß ihr Revier ist, hängt immer von der Anzahl der Beutetiere ab. An Bächen mit Buschwerk und Bäumen leben zahlreiche Nahrungstiere. Das Revier kann deshalb klein sein, bis zu 20 Quadratkilometer. In Wüstenregionen, wo die Beutetiere knapp sind, müssen die Reviere deutlich größer sein. Ein Leopardenweibchen markiert sein Revier, wenn es paarungsbereit ist, mit Duftmarken. Es setzt wenige Spritzer Urin an Bäume, Sträucher, Felsen und Grasbüschel und legt damit eine unverkennbare Spur. Erschnuppert es die Markierung eines Männchens, wälzt es sich darin oder streift mehrmals daran entlang, so, als ob es sich mit dem Geruch des Männchens parfümieren wollte.

Du kennst dieses Verhalten vielleicht von der Hauskatze. Auch sie rollt sich hin und her, wenn sie paarungsbereit, eben rollig, ist.

Die Paarung ist bei Leoparden von der Jahreszeit unabhängig. Nicht selten lockt das Weibchen mehrere Männchen an

Vor und während der Paarung geht es bei Leoparden ziemlich rau und stürmisch zu. Die Leopardin wehrt sich, faucht und beißt ihren Partner, ...

oder das Revier eines Männchens überdeckt die von mehreren Weibchen. Trifft das umherstreifende Weibchen auf ein passendes Männchen, ist es sechs bis sieben Tage lang paarungsbereit. Die beiden streifen gemeinsam durch die Gegend. Bis zu zwanzig Mal am Tag paaren sie sich mit Grollen, Fauchen, Kratzen. Die beiden sind weithin zu hören. Wie gut, dass das Männchen vorher alle anderen Kater vertrieben hat. Sobald das Weibchen trächtig wird, trennt sich das Paar wieder. Eine lange Tragzeit von 90 bis 105 Tagen beginnt. Dann bringt die Leopardin zwei bis vier Junge zur Welt. Für die Geburt sucht sie sich ein verborgenes Plätzchen, vielleicht eine alte Warzenschweinhöhle in der Erde, eine Spalte im Fels, einen versteckten Platz im Gebüsch.

... doch schließlich kommt es am Tage unter gewaltigem Fauchen mehrfach zur Vereinigung beider Tiere und die jungen Leoparden können im Bauch der Mutter bis zur Geburt heranwachsen.

Leopardenbabys

Für die Geburt ihrer zwei bis vier Jungen hat sich die Leopardin ein sicheres Versteck gesucht: Eine Höhle im dichten Buschwerk mit Wasserstellen in der Nähe und hohen Bäumen, um ihre Beute, die nicht gleich gefressen wird, sicher zu lagern.

Die Jungen kommen blind zur Welt und öffnen ihre Augen nach ungefähr einer Woche. In den ersten Tagen liegen sie nur still im Lager, das von der Mutter lange vor der Geburt ausgesucht wurde. Nicht alle Babys überleben die ersten Tage, besonders nicht, wenn es mehr als zwei sind.

Es kommt darauf an, ob die Mutter genügend Milch hat und ob das Versteck sicher genug ist. Manchmal wechselt die Leopardin das Versteck, wenn sie meint, dass es auffällig riecht und deshalb Feinde angelockt werden. Solange die Jungen noch klein sind und ihr nicht folgen können, wird eines nach dem anderen ins neue Versteck getragen (Bild ganz rechts). Leopardenmütter sind immer alleinerziehend.

Kinderzeit

Schon nach zwei Wochen sind die kleinen Leopardenkinder deutlich munterer. Sie krabbeln und tapsen durch ihr Versteck und warten geduldig auf ihre Mutter, die sie in den ersten Wochen tagsüber oft allein lässt, um zu jagen. Mucksmäuschenstill warten die Säuglinge. Dauert es zu lange, knurren und wimmern sie hungrig. Das ist gefährlich, denn so können andere Raubtiere sie entdecken und töten.

Sobald die Jungen acht Wochen alt sind, verlassen sie ihr Versteck und spielen davor herum. Für die Mutter ist es eine anstrengende Zeit: Nahrung beschaffen, die Jungen säugen und immer neue Verstecke finden, wenn das Lager zu schmutzig geworden ist oder andere Raubtiere in der Umgebung auftauchen.

Wenn die Jungen ca. 3 Monate alt sind, folgen sie der Mutter für kurze Strecken. Das Versteck wird nun fast täglich gewechselt.

Lernen fürs Leben

In den Morgenstunden spielt die Leopardin immer mit ihren Jungen. Es sind Spiele, die die Kleinen auf ihr späteres Leben vorbereiten. Sie lernen das Anschleichen, Lauern, Zuspringen und Zupacken. Die Mutter ist dabei »die Beute«, weicht aus, lockt, jagt hinter ihnen her. Es ist ein stetiges Rollenspiel zwischen Jägern und Gejagten mit Knurren, gefletschten Zähnen, spitzen Krallen und angelegten Ohren.

Gegen Abend, wenn die Sonne nicht mehr gar so auf die Savanne brennt, macht sich die Leopardenmutter auf. Manchmal folgen ihr die Jungen ein kleines Stück, bleiben aber dann zurück.

Die Leopardin muss Beute machen, denn ihre Jungen benötigen nach drei Monaten Muttermilch langsam die ersten Fleischmahlzeiten.
Zunächst jagt sie kleinere Beutetiere zum Kennenlernen, zum Beispiel Mäuse, Vögel und Hasen.

„Wie schön, dass du es hier hinauf geschafft hast!" – Auch Klettern will gelernt sein.

Die nur 40 cm hohe und bis zu 6 kg schwere Windspielantilope könnte eine erste Beute für die Jungen sein.

Jagdunterricht

Behütet, gepflegt und mit Futter versorgt verbringen die Jungen ihr erstes Lebensjahr. Beim Spielen mit der Mutter lernen sie, wie sie sich am besten an die Beute anschleichen. Die Jungen belauern sich gegenseitig, springen aufeinander zu und ringen sich in wilden Kämpfen nieder. All das müssen sie einmal beherrschen. Die geschmeidige Gewandtheit, die Kraft, den gezielten Einsatz von Sprüngen und Schlägen erlernen sie nach und nach.

Zunächst betrachten die Kleinen die mitgebrachten blutigen Fellbündel ängstlich, doch dann reißen sie die Haut mit den kleinen spitzen Zähnen auf und knabbern die Beute an. Schließlich packen sie zu und setzen den perfekten »Kehlbiss«. Dieses richtige Zubeißen ist ihnen angeboren.

Ein etwa 5 Monate altes Jungtier spielt mit einem von der Mutter erbeuteten Warzenschweinferkel.

Kein leichtes Leben

Warum bekommen die Tiere der großen Herden eigentlich nur ein einziges Junges und Großkatzen stets mehrere und Insekten ganz viele Nachkommen? Die Zahl der Jungtiere soll das Überleben einer Art sichern. Ein einzelnes Junges in der Herde hat große Chancen zu überleben. Es wird ständig beschützt.

Wusstest du, dass das Leben einer Raubkatze riskanter ist als das Leben einer Gazelle?

Die großen Raubtiere sind starke Konkurrenten und tun alles dafür, um sich Vorteile zu verschaffen. Ihre Jungen leiden unter gegenseitigen Angriffen. Deshalb müssen mehr Raubtierkinder auf die Welt kommen als zum Beispiel Gazellen, denn nur wenige der jährlich geborenen Raubtierbabys überleben das erste Jahr. Raubtiere haben es also gar nicht so leicht!

Leopardenkinder verlassen ihre Mutter mit ungefähr zwei Jahren, wenn sie sich neu verpaaren will und ihre Jungen vertreibt. Oft bleiben die jungen Weibchen

noch in ihrer Nähe, während die Männchen in die Ferne ziehen, um ein eigenes Revier zu finden. Ab und an kommt es vor, dass die »alten Jungen« so lange bleiben, bis die neuen Geschwister aus ihrer Höhle tappen. Gemeinsam spielen sie unter den wachsamen Augen der Mutter, ehe sie eines Tages ihr Einzelgängerleben antreten.

Versteckt im hohen Gras der Savanne beobachtet eine Löwin Leoparden bei der Paarung. Einen Moment später greift sie an, um sie zu verletzen oder gar zu töten.
Nur um Haaresbreite und Dank eines nahen Baumes entkommt die Leopardin.

Hyänen

Die vermutlich lästigsten Tiere für den Leoparden sind die Hyänen. Hat er mühsam seine Beute erlegt, sind sie nach kurzer Zeit zur Stelle, um sie ihm streitig zu machen. Mit einer oder zweien, kann er es aufnehmen, aber bei einem ganzen Rudel muss er aufgeben. Deshalb ist seine Fähigkeit, selbst mit schwerer Beute noch einen Baum erklimmen zu können, für ihn überlebenswichtig. Dort oben erreichen sie ihn und seine Beute nicht. Er kann entspannt schlafen. Anders, wenn eine Leopardin kleine Junge hat, die noch nicht klettern können. Dann muss sie um das Leben der Jungen fürchten, da sie für Hyänen eine willkommene Beute darstellen.

Immer auf der Hut

Keine andere Großkatze versteht sich so gut darauf, ihre Beute zu sichern, wie der Leopard. Er frisst so gut wie nie an Ort und Stelle, sondern schleppt die Beute ins Gebüsch oder gleich hoch hinauf in einen Baum. Der Löwe ist viel zu schwer, um dort hinaufzuklettern, andere haben keine geeigneten Krallen, um sich an der Baumrinde zu halten, schon gar nicht, wenn die Beute 15 Meter über ihnen hängt.

An den Flüssen sind es Krokodile, die einem Leoparden gefährlich werden können. Besonders beim Trinken erbeuten Krokodile ihre oft ahnungslosen Opfer.

Leoparden wagen sich dicht an die Behausungen der Menschen heran und werden von diesen gefürchtet, obwohl eher nur alte schwache Tiere es – wenn überhaupt – versuchen würden, einen Menschen zu erbeuten.

Der Mensch jedoch ist die größte Gefahr für den Leoparden. Menschen schränken die Lebensräume der Tiere nicht nur ein, sondern zerstören sie oft nachhaltig. Zerstörte Lebensräume aber bieten keine sichere Grundlage für die Vermehrung von Tieren.

Die Jagd führte einst dazu, dass diese kraftvollen Tiere bis fast zur Ausrottung sinnlos getötet wurden. Jetzt machen zum Glück

mehr Menschen nur noch mit der Kamara Jagd auf die gefleckten Katzen. Dennoch sind die Wege und Straßen mit all den Menschen, die sich darauf bewegen, nichts Normales im Land der Tiere, selbst wenn diese sich damit arrangieren können.

Eine Laune der Natur
– Der schwarze Panther

Schwarze Panther - da fällt uns doch gleich Baghira ein, der nette schwarze Panther aus dem Dschungelbuch. Schwarze Panther sind nur eine Farbvariante der afrikanischen Leoparden oder südamerikanischen Jaguare. Das Fell der Tiere ist durchgehend schwarz und die typische Fleckenmusterung erkennt man nur bei entsprechendem Lichteinfall. Schwarze Panther können durchaus gefleckte Eltern haben, bei denen dieses Erbmerkmal (Gen) vorhanden ist. Es ist genetisch angelegt, wird aber normalerweise unterdrückt, weil das Gen für die Gelbfärbung beim Leoparden stärker ist. Beim Jaguar ist das schwarze Gen das stärkere. Da kommen häufiger Schwärzlinge vor. Die Schwarzfärbung nennt man »Melanismus«.

Schwarze Leoparden kommen vermehrt auf Java vor, einige wenige aber auch in Afrika.

König der Berge
Der Schneeleopard

Im asiatischen Hochgebirge lebt der schöne Schneeleopard. Sein graues, längeres Fell ist im Winter besonders dick. Seine Schnauze ist kürzer als die des Leoparden, aber sein Schwanz im Verhältnis etwas länger, ja so lang, dass er sich bei großer Kälte damit die Nase zudecken kann, wenn er schläft. An seinen Pfoten ist, ähnlich wie bei unserem Luchs, mehr Fell. Sie wirken wie Schneeschuhe und verhindern, dass die große Katze zu tief in den Schnee einsinkt. In den felsigen, rauen Bergen bewohnt er Regionen bis in eine Höhe von 6000 Metern. Leider gehört er zu den stark gefährdeten Tieren, denn er wird nicht nur wegen seines schönen Fells von Wilderern erlegt, sondern leidet extrem unter der allgemeinen Erderwärmung. Er findet oft nicht genügend Beutetiere, muss seine Reviere enorm ausdehnen, um überhaupt genug zu fressen zu haben. Je nach Region, in der er lebt, macht er Jagd auf Murmeltiere und Pfeifhasen, Huftiere und Schweine. Haustiere stehen in den dünn besiedelten Gebieten ebenfalls auf seinem Speiseplan und besondere Arten von Pflanzen.

Er wandert oft weit, um Beute aufzuspüren, pirscht sich dann aber so nah wie möglich heran, um sie mit schnellen, weiten Sprüngen erreichen zu können. Ein kräftiger Biss in den Nacken oder die Kehle tötet das Opfer. Ähnlich wie sein afrikanischer Verwandter schleppt er die Beute in ein sicheres Versteck. Statt auf einen Baum bringt er sie in eine Höhle. Nicht selten hat er Fressfeinde, wie Wölfe und Bären.
Schneeleoparden sind Einzelgänger und nur in der Paarungszeit für kurze Zeit zusammen. Die Paarungszeit liegt ausschließlich im Januar bis März. Innerhalb von wenigen Tagen deckt der Kater das Weibchen mehrmals. Nach einer Tragzeit zwischen 94 und 103 Tagen werden meist zwei bis vier Junge geboren. Das gemütliche Wurfnest in einer Höhle polstert die Mutter mit eigenen Haaren aus.
Die Kleinen können ab dem siebten Tag sehen und entwickeln sich rasch. Schon mit zwei Monaten steigen sie auf Fleisch um und werden kaum noch gesäugt. Von nun an begleiten sie ihre Mutter auch schon zur Jagd.

Südamerikanischer Doppelgänger

Weit entfernt von afrikanischen oder asiatischen Leoparden lebt in Südamerika der Jaguar. Wäre er nicht deutlich kräftiger und seine Flecken etwas größer, würde man ihn im ersten Moment tatsächlich »Leopard« nennen. Du würdest ihn tief im Urwald, in den Buschgebieten und im Dickicht der Flüsse versteckt finden. Ein heimliches Tier, schwer und massig, an Größe den Verwandten der anderen Erdteile deutlich überlegen. Allein wegen ihrer Massigkeit können sie nicht so behende klettern. Sie erbeutet neben kleinen Tieren, wie Vögeln, Affen, Schildkröten, Mäusen tatsächlich auch große Tiere wie Kaimane und Pferde, die

er dann in sichere Verstecke schleppen, um in Ruhe zu fressen. Ihr Jagdgebiet ist im Vergleich kleiner. Auch Jaguare sind Einzelgänger, die sich nur zur Paarungszeit zusammenfinden.
Die kleinen Jaguare werden im Januar geboren und wiegen bis zu 900 Gramm. Sie bleiben zwei Jahre bei der Mutter, ehe sie eigene Reviere suchen.

Bitte mehr Achtsamkeit!

Immer wieder ist es faszinierend für uns, noch tiefer in die Welt einer Tierart einzutauchen. Es zeigt uns, wie viel aufmerksamer man sich mit ihr beschäftigen muss, um zu verstehen, wie wichtig Klima und Lebensräume für die Arterhaltung sind. Wenn wir unsere Welt mit einer möglichst großen Artenvielfalt sowie den Wert unseres Planeten erhalten wollen, müssen wir achtsamer werden. Achtsam gegenüber der Natur zu sein, fängt mit Wissen und Verständnis an.

Dabei bekommen manchmal kleine Zitate große Bedeutung. Mit Blick auf die Jagd solch fantastischer Lebewesen gefiel mir dieses eines unbekannten Verfassers sehr gut:

»Der Leopard ist das einzige Wesen auf Erden, das sein Leopardenfell wirklich braucht«.

Wir können diese Aussage auf so viele gejagte Tiere übertragen, die nur sterben müssen, um Menschen einen vermeintlichen Luxuswunsch zu erfüllen.
Aber ebenso wichtig ist es, dass wir uns alle für ein besseres Klima und den Erhalt der einzigartigen Lebensräume einsetzen.

Unsere weiteren Fotosachbücher: brillant, informativ,

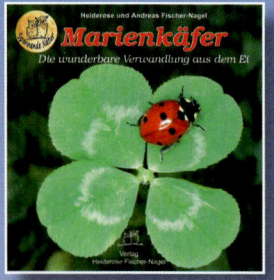 978-3-930038-45-9

 978-3-930038-13-8

 978-3-930038-24-4

 978-3-930038-17-6

 978-3-930038-74-9

 978-3-930038-15-2

 978-3-930038-04-6

 978-3-930038-64-0

 978-3-930038-90-9

 978-3-930038-38-1

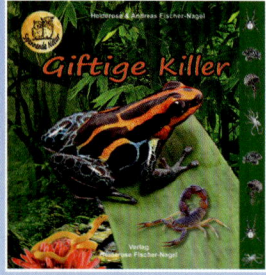 978-3-930038-95-4

 978-3-930038-25-1

 978-3-930038-87-9

 978-3-930038-46-6

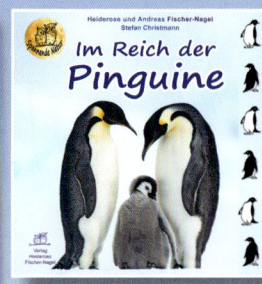 978-3-930038-47-3

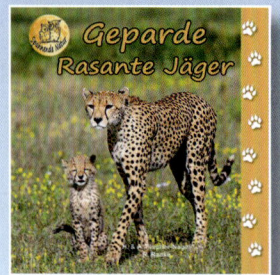 978-3-930038-63-3

 978-3-930038-31-2

 978-3-930038-36-7

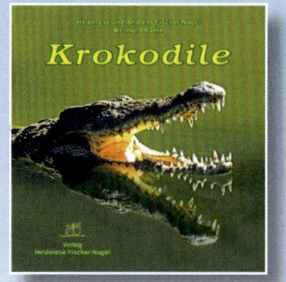 978-3-930038-35-0

 978-3-930038-73-2

In Ihrer Buchhandlung oder Verlag Heiderose Fischer-Nagel, Brunnenstraße 7, D-34286 Spangenberg